AF554217

TABLEAU

POLITIQUE ET RELIGIEUX

DE LA FRANCE,

PAR M. HILARION PRIVAT,

EX-SUBSTITUT DU PROCUREUR DU ROI

A TOURNON,

A TOURNON,

DE L'IMPRIMERIE DE P.-R. GUILLET.

1830.

Les formalités ayant été remplies, les contrefacteurs seront poursuivis, selon toute la rigueur des lois, pour tout exemplaire de cet ouvrage qui ne porterait pas ma signature.

AVERTISSEMENT.

Je dois prévenir que cet Ouvrage avait été composé avant les événemens du mois de juillet dernier, et que cependant je n'y change rien ; ces événemens n'ont fait que justifier des prévisions qui ne tarderont pas à se réaliser en entier. Frappé de tout ce que je vois, découvrant les événemens qui doivent se succéder, avec autant de clarté que s'ils se passaient déjà sous mes yeux, je serais presque tenté de dire, dans l'abondance de ma conviction : *Transibunt cœli et terra, sed verba mea non transibunt.*

TABLEAU

POLITIQUE ET RELIGIEUX

DE LA FRANCE.

En voyant que le Clergé catholique se déclare ouvertement contre les Institutions constitutionnelles de la France, que, d'un autre côté, les défenseurs de ces mêmes institutions s'élèvent contre le clergé avec une constante animosité, j'ai été emmené à chercher les causes d'une telle divergence d'opinion et de sentiment; et je me suis demandé : s'il n'existerait pas une invincible opposition entre les dogmes de la religion catholique et les nouvelles institutions politiques de la France.

Serait-il bien vrai, me suis-je dit alors, que le repos, dont la France jouit, serait semblable au calme qui précède l'ouragan ? l'abîme des révolutions ne serait-il pas fermé? les feux du volcan mugissent-ils dans les entrailles brûlantes de la terre que nous foulons ? faudra-t-il que nos institutions, dont la Liberté est le but, disparaissent, ou que devant elles s'écroulent nos églises abandonnées?

Grand Dieu ! prosterné dans ma poussière, je t'adore dans l'humilité de mon cœur; non! jamais ma bouche ne prononcera une seule parole qui renferme l'extravagante révolte de ma faiblesse contre ta toute puissance.

Ce ne sera pas moi, non plus, qui me déclarerai l'ennemi de la liberté; la liberté est le plus doux des biens, elle est pour le cœur de l'homme ce que la lumière est au monde.

Mon intention est d'examiner, sous un point de vue purement abstrait, si les institutions politiques de la France ne sont point en opposition avec les dogmes du clergé catholique; et j'arriverai à cette conséquence que, si la providence n'avait pas des voies que la sagesse humaine ne peut découvrir, il serait vrai de dire, qu'il faudra que nos institutions disparaissent, ou qu'elles anéantissent notre religion. J'espère qu'on me rendra cette justice, que si je sonde la plaie qui nous dévore ce n'est pas pour l'envenimer.

Les publicistes ont tous été d'accord sur ce point : qu'il doit exister une certaine harmonie entre les lois religieuses et les lois politiques d'un peuple. S'il est vrai de dire que toutes les religions ne conviennent pas également bien, humainement parlant, à tous les peuples, et cela, à cause de la différence des mœurs et des climats, il est encore plus vrai de dire que toutes les religions ne s'allient pas également bien avec tous les systèmes politiques. Quand Montésuma disait que la religion des espagnols était bonne pour leur pays, et celle du Mexique pour le sien, il ne disait point une absurdité. En disant, sous d'autres rapports, que la religion catholique, qui s'alliait parfaitement avec notre ancien gouvernement, ne peut s'allier avec un gouvernement constitutionnel, je ne serai pas plus absurde que ne l'était Montésuma.

En effet, c'est une règle générale que le gouvernement d'un peuple s'établit toujours sur le plan de sa religion : la religion catholique, par exemple, dont le gouvernement est monarchique; car le pouvoir du Souverain Pontife y est tempéré par une aristocratie formée par le corps des évèques, la religion catholique, dis-je, a porté partout les idées d'une monarchie modérée. Cette religion ne s'est alliée, nulle part, ni avec le pouvoir absolu, ni avec la liberté républicaine. La religion de Mahomet, au contraire, qui ne parle que de la force et du glaive, qui inspira partout la terreur à l'aide de laquelle on la vit s'établir, a toujours été la religion du despotisme; on ferait de vains efforts pour établir la liberté chez les peuples qui la professent; cette religion porte les idées du despotisme dans le sein même des familles, dans le gouvernement domestique, comme dans le gouvernement civil et politique. Au contraire encore, le protestantisme, qui ne reconnaît aucune autorité en matière de foi, qui conduit à l'indifférence et à l'incrédulité, a toujours été considéré comme la religion des républicains.

Il faut le dire, le paganisme, la plus grossière et la plus méprisable des religions, le paganisme pouvait seul s'allier avec tous les gouvernemens. La raison en est simple : cette religion n'ayant pas de loi écrite, n'ayant pas de dogmes, consistant toute en des cérémonies, étant mobile comme l'imagination qui l'enfantait, pouvait être modifiée suivant les besoins de chaque gouvernement. Mars était la divinité d'un gouvernement militaire; Neptune d'un gouvernement qui avait le commerce maritime pour objet; Minerve était la divinité d'un gouvernement sage et modéré. Chaque gouvernement pouvait choisir dans le paganisme le culte qui lui convenait le mieux. Un sage législateur disposait de la religion, comme il l'entendait, pour en fortifier ses institutions.

Telle ne fut point la position de ceux qui, les premiers, pensèrent à établir en France le gouvernement constitutionnel; devant eux, se présentait, comme une barrière insurmontable, une religion ayant une loi écrite dont on ne pouvait changer un seul mot. Aussi, l'âme de ces nouveaux législateurs dut être épouvantée, s'ils virent toutes les conséquences du système qu'ils allaient établir; ce système, ayant pour objet la liberté politique des citoyens, n'étant qu'une république sous les formes d'une monarchie, se trouvait en opposition avec tout ce qui existait alors.

Les français vivaient depuis des siècles sous un gouvernement monarchique; ils en avaient les lois, les mœurs et les manières; mais surtout, ils en avaient la religion. Pour établir un gouvernement qui eut la liberté pour objet, il fallait changer tout cela; il fallait donner à la France d'autres lois, d'autres mœurs, d'autres manières; mais ce n'était pas encore assez, il fallait lui donner une autre religion; il fallait, en un mot, en faisant une révolution politique, faire en même temps une révolution religieuse.

On sent facilement qu'une révolution qui devait opérer de si grands changemens, ne pouvait être que terrible; elle le fut aussi au-delà de tout ce qu'on peut dire, et cependant elle ne fut pas entière; elle changea, il est vrai, les lois, les mœurs et les manières du peuple français, et les changea à un point qu'on le reconnait à peine dans ce qu'il était autrefois; mais tout ne fut point achevé; la religion catholique ne fut point abattue; elle reçut, il est vrai, des secousses terribles, mais ce n'était point assez; le gouvernement constitutionnel ne pouvait triompher que sur ses ruines.

Le clergé, il est bon d'abord de le constater dans le dessein de cet ouvrage, a toujours prévu ces résultats, et ne s'est point dissimulé sa position; le clergé fut, de tous les corps de l'état, celui qui s'opposa le premier et le plus vivement à toutes innovations. Cette opposition de sa part était toute naturelle, ses intérêts les plus pressants et les plus matériels devaient l'y déterminer. Une révolution ne pouvait se faire sans qu'il fut en butte aux plus grands maux: on ne pouvait établir un gouvernement qui eut la liberté pour objet sans le dépouiller de son pouvoir qui était fort grand et de ses richesses qui étaient immenses. Le clergé se trouva encore par sa conscience obligé de s'opposer à la révolution, et on peut dire, à cet égard, qu'il montra un courage et une fermeté dignes des premiers siècles de l'église. On vit alors un spectacle dont les pages sanglantes de l'histoire conserveront long-temps le souvenir: les prêtres furent persécutés et proscrits; les autels furent abattus, et, dans son délire, le peuple fut jusqu'à proclamer l'athéisme: la religion fut un moment comme anéantie.

Quand le moment de l'effervescence révolutionnaire fut passée, que la nation fut plus calme, on sentit qu'un état ne peut exister sans religion; qu'on ne peut sans elle établir un ordre social : on avait vu ce qu'était devenu le peuple, alors qu'il n'était plus retenu par ce frain qui a plus de force que les meilleures lois ; on rappela le clergé dont on avait besoin ; mais il fut reconnu en même temps, qu'il devait être restreint dans ses pouvoirs, et mis dans une position analogue au gouvernement qu'on venait d'établir.

On ne lui rendit pas ses biens qui avaient été vendus et qui enrichissaient la nation ; on n'aurait pu les lui rendre qu'en renversant ce qu'on venait d'établir. Les ordres religieux restèrent supprimés ; les prêtres furont salariés de l'état, on borna leur pouvoir au spirituel, leur seul ministère fut de diriger les âmes et de faire tourner la religion au profit de la société. Il est facile de concevoir que si l'on avait accordé davantage, on serait tombé dans le gouvernement dont on venait de sortir.

Mais le clergé revint en France avec les mêmes idées qu'il avait avant sa sortie du royaume ; les malheurs ne l'avait point changé ; les malheurs ne changent point les idées d'un ordre composé de plusieurs milliers de personnes, alors surtout que ces idées prennent leur source dans la religion. On n'aurait pu le changer qu'en lui donnant d'autres dogmes. Les mêmes causes produisent les mêmes résultats, et le clergé dut alors chercher à relever sa fortune et ses pouvoirs.

Il eut bientôt reconnu que les nouvelles institutions politiques de la France ne lui convenaient point : d'abord ses attaques furent faibles; les esprits étaient en mouvement, il fallait les ménager; il était, surtout, contenu par Bonaparte qui dominait la France avec un génie brillant et une volonté qui domptait toutes les résistances. Il faut observer encore, qu'il devait s'accommoder d'un homme qui élevait un gouvernement monarchique dont les principes, comme je l'ai dit, s'accordent parfaitement avec les dogmes catholiques.

Mais, lorsque Bonaparte eut succombé sous les efforts de toute l'Europe, que la restauration eut ramené le gouvernement constitutionnel et la liberté qui en est la suite, les attaques du clergé devinrent publiques et violentes : il était enhardi par la faiblesse de ceux qui gouvernaient; ses progrès furent rapides, les constitutionnels s'en alarmèrent vivement; alors s'engagea une lutte terrible qui ne se terminera, je ne crains pas de le dire, que par la ruine du catholicisme ou par la ruine de nos institutions.

Les jésuites reparurent et cherchèrent à s'emparer de l'instruction publique : les principes de cet ordre, moitié politique et moitié religieux, de cet ordre qui est tant dévoué à la cour de Rome, devinrent ceux de tout le clergé. On fit alors des missions qui avaient autant pour objet d'attaquer le gouvernement que de prêcher la religion. Ces missions étaient les croisades du clergé contre la constitution et contre l'esprit public qui en est le résultat. M. de Lamenois disait, dans un ouvrage qui a eu une juste célébrité, que le gouvernement était athée, qu'il était en guerre avec la religion catholique.

Voilà des faits qu'on ne saurait contester, parce que nous en avons tous été témoins ; chacun peut se rappeler, à cet égard, ce qu'il a vu et entendu : c'étaient, d'un côté, des discours violens contre les lumières et la philosophie du jour ; c'étaient, de l'autre côté, des attaques grossières, des écrits calomnieux ; on recueillait, on publiait tout ce qui pouvait déconsidérer et avilir le clergé. La liberté de la presse était comme le bruit prolongé de la foudre que des milliers d'échos répètent au loin.

Si nous cherchons maintenant les causes des faits que nous venons d'exposer, nous les découvrirons dans une invincible opposition entre nos institutions politiques et les dogmes du clergé. On sera forcé de convenir, si mes paroles sont entendues, que les passions de quelques individus dont les intérêts se trouveraient froissés, n'auraient pu produire de semblables divisions.

On découvre, en réfléchissant sur les principes

d'un gouvernement constitutionnel, qu'il ne doit exister dans ce gouvernement que trois pouvoirs politiques : celui du souverain, celui du peuple et celui de l'aristocratie. C'est de la combinaison de ces trois pouvoirs, de leur juste équilibre, que résulte la liberté. Si le clergé était assez puissant pour constituer un pouvoir politique, l'équilibre serait rompu et la constitution serait renversée. Les intérêts du clergé doivent se confondre avec ceux de l'aristocratie ou avec ceux du peuple. Son pouvoir politique serait un vrai privilége, et les priviléges ne peuvent s'allier avec la liberté.

Ainsi, sous ce gouvernement, le clergé sera sans aucune importance politique, sans pouvoir, sans richesses, borné au soin de prêcher la religion et d'en donner l'exemple ?

Oui, la constitution renferme le prêtre dans la profondeur du sanctuaire, élève un mur d'airain entre lui et la société, l'oblige à ne considérer la religion que dans ses rapports avec Dieu et jamais dans ses rapports avec l'homme; qu'il ne doit toucher que par les actes de son ministère; elle le regarde avec un œil de défiance, et veut qu'il distingue essentiellement ce qui est du domaine de la conscience et ce qui est du domaine de l'homme.

Voyons maintenant si le clergé, tel qu'il est organisé, restera paisiblement dans le poste modeste que lui assigne la constitution.

Le clergé, par ses dogmes religieux, est dépendant d'une église qui réunit les pouvoirs temporels et les pouvoirs spirituel, qui a le plus grand intérêt à soutenir que l'union de ces pouvoirs est nécessaire au triomphe de la religion; on sait, à cet égard, quelles ont été les doctrines de Rome, et jusqu'où elle a porté ses prétentions ambitieuses.

Imbu des principes de cette église, le prêtre ne sera-t-il pas aisément persuadé qu'il faut que les pouvoirs temporels soient employés à donner plus d'éclat à la religion, à augmenter son empire sur les peuples? L'ambition fut toujours naturelle au cœur de l'homme; mais ici, le prêtre s'en défendra d'autant plus difficilement qu'il y sera excité par les conseils, par les ordres, par l'exemple de l'église à laquelle il est soumis; qu'il se dira que ce n'est pas précisément dans un intérêt personnel qu'il travaille, mais dans l'intérêt même de la religion, dans l'intérêt même du ciel.

En recevant les ordres sacrés, le prêtre se condamne au célibat, ce qui le sépare, en quelque manière, du restant de la nation. Il forme alors une société religieuse dont les intérêts temporels sont différens de ceux de l'état; son pouvoir et ses richesses sont tout autre chose que le pouvoir et les richesses du royaume.

En renonçant aux douceurs et aux plaisirs du monde, le prêtre ne conserve d'autres passions que l'amour de l'ordre dont il fait partie, et la joie de voir triompher cet ordre, devient pour lui le dédommagement des privations auxquelles il se condamne. On ne peut supposer une abnégation si entière du monde, qu'il n'en reste quelque chose dans le cœur de l'homme.

Les constitutionnels disent que la liberté, telle qu'ils l'entendent, produit dans un état des effets qui sont admirables; suivant eux, les peuples qui la possèdent présentent un spectacle ravissant : l'agriculture y produit en abondance les alimens de l'homme ; le commerce y porte en tous lieux les commodités de la vie; une nombreuse population y fleurit; les peuples, qui n'y sont point avilis par l'esclavage, y développent des sentimens généreux ; l'amour de la patrie fermente dans tous les cœurs, et les guerriers y sont les vrais troglodytes dont parle Montesquieu.

Supposons que tout cela soit vrai, croit-on que le prêtre partagera cet enthousiasme ? les avantages dont-on vient de parler ne lui paraîtront-ils pas de peu d'importance, s'il les considère dans leur rapport avec la divinité? les richesses seront dangereuses; la liberté ne sera qu'un détestable orgueil, et les textes sacrés ne lui manqueront pas pour l'établir. La religion de Jésus-Christ, qui nous fait espérer une vie plus heureuse, n'a point eu en vue le bonheur de celle-ci. Le peuple sera frappé par des peintures tour-à-tour terribles ou séduisantes, on lui fera craindre sa liberté et ses richesses, on lui dira que l'humilité est la première des vertus, on l'engagera à enfouir dans les églises des richesses qui lui deviendraient funestes. Ces discours ne pourront lui être imputés; parce qu'il remplira, en les prononçant, les premiers devoirs de son ministère.

Voilà quels doivent être les efforts du clergé; efforts, qui, le mettent en guerre ouverte avec des institutions politiques qui s'opposent à son agrandissement, qui ne lui accordent qu'un salaire humiliant, témoignage d'une servitude; qui avilit ce qu'il y a de plus auguste; qui met le ciel comme aux gages de la terre.

Monsieur de Laménais a été, à cet égard, l'interprête des sentimens et de l'indignation du clergé, lorsqu'il s'est plaint, que Jésus-Christ figurait sur le budget comme un vil salarié de l'état. En sortant des bornes de la modération, en accusant le gouvernement d'une espèce de sacrilége, M. de Laménais fait connaître toute la pensée de l'ordre dont il fait partie.

Pour établir que le prêtre a toujours aimé le pouvoir et les richesses, je pourrais citer des faits nombreux; mais on croirait que j'ai voulu faire une satyre, ce qui n'est certainement pas dans ma pensée. Je dirai seulement, que malgré la révolution, que malgré les persécutions auxquelles il a été en butte, le clergé catholique est, de nos jours, redevenu riche et puissant; on n'a laissé qu'une passion au prêtre, et elle a plus de force; ainsi, la sève de l'arbre émondé, se porte avec plus d'abondance dans les branches qui lui restent.

La vérité de ce que je dis ici, ne m'empêche pas de considérer le clergé comme ce qu'il y a de plus respectable dans la nation; sa justification serait bien facile, la religion elle-même me la fournirait.

Non seulement le clergé catholique est ennemi déclaré du gouvernement constitutionnel, par l'effet de l'ambition que lui inspirent ses idées religieuses et sa position sociale; mais il l'est, et doit l'être encore, par des vues d'un intérêt plus majeur, par l'intérêt même de la religion attaquée jusques dans ses fondemens.

Le gouvernement constitutionnel proclame la plus grande liberté de conscience, la tolérance religieuse la plus étendue; là, dès qu'un homme a la réputation d'un bon et honnête citoyen, on ne s'enquiert plus de savoir à quelle religion il appartient.

Il est clair, que, sous ce gouvernement, chaque citoyen étant jaloux de sa manière de penser, sent d'abord, que, s'il voulait dominer les opinions des autres, on voudrait peut-être bientôt dominer la sienne. L'esprit de liberté y amène donc la plus grande tolérance, et de plus, ce qui n'est que la suite, la plus grande indifférence en matière de religion.

On dirait que Montesquieu a vécu de notre temps, et qu'il a vu ce qu'il se passe autour de nous, lorsqu'il a dit, en parlant du gouvernement constitutionnel: « *Comme dans cet état, chaque citoyen aurait sa volonté propre, et serait conduit par ses lumières ou ses fantaisies, il arriverait que chacun aurait beaucoup d'indifférence pour chaque religion, de quelque nature qu'elle fût.* »

Ainsi, l'indifférence en matière de religion, contre laquelle M. de Lamenais s'est élevé avec tant de force, n'est que la conséquence inévitable de nos institutions; en travaillant à faire disparaître cette indifférence, on sape les principes de notre gouvernement constitutionnel.

Qu'on me dise, maintenant, comment une loi politique de cette nature, pourra s'accorder avec une religion qui est comme enflammée de l'esprit de prosélytisme? Croit-on, qu'infidèle à sa mission, qui est de prêcher, de convertir et de porter partout l'enthousiasme religieux, croit-on que le prêtre ne s'élèvera point contre une indifférence qui est l'état le plus affligeant où puisse tomber la religion catholique? Croit-on qu'il ne considérera pas ces institutions comme impies et outrageantes pour la divinité?

C'est ici, que je suis frappé de ce que me disait un jour un vénérable missionnaire : « On nous a fait, me disait-il avec une douloureuse conviction, on nous a fait un bien triste présent en nous donnant la Charte; car, que faire aujourd'hui du prosélytisme, du prosélytisme qui est l'âme de la religion catholique, qui n'est que le résultat de l'intime conviction où est le prêtre que la religion qu'il prêche est la seule véritable, la seule qui puisse conduire l'homme au bonheur? »

Du reste, ce n'est pas d'à-présent seulement qu'on a reconnu que la religion catholique, qui s'allie parfaitement avec une monarchie modérée, ne peut s'allier avec un gouvernement qui a la liberté pour objet. Montesquieu, que je pourrais citer souvent, Montesquieu, dont le coup-d'œil fut comme celui de l'aigle, Montesquieu a dit : « *Quand l'Europe fut affligée de ce schisme fatal qui la divisa en catholique et en protestante, les peuples du nord, qui ont eu toujours plus de penchant pour la liberté, embrassèrent la religion protestante, et les peuples du midi la religion catholique.* » Cet esprit profond, découvrait parfaitement les oppositions dont les faits ont depuis démontré l'existence, d'une manière si frappante,

Comment pourrait-on, en effet, établir la paix et l'accord, entre une religion qui a consacré ce dogme, que hors d'elle il n'y a point de salut, et une loi qui traite à égal Jésus-Christ et Mahomet, qui confond dans la même indifférence et le vrai Dieu et le faux prophète : au point que, si un mahométan voulait construire une mosquée dans une de nos cités, la loi et les institutions seraient pour lui, et le catholique frémirait vainement d'indignation. La loi est athée; s'il raisonne, le prêtre qui la défend a trahi sa religion et son Dieu, il a immolé à Béal.

Ne serait-on pas convaincu de ce que j'avance, si l'on réfléchit, que la religion catholique est cette même religion qui a renversé les idoles, abattu les temples du paganisme et fait la plus inconcevable des révolutions? Les destins de cette religion sont de triompher ou d'être persécutée, de conquérir ou d'être anéantie. Aussi, Jésus-Christ qui en connaissait bien l'esprit, a dit, en propres termes : « *Celui qui n'est pas pour moi, est contre moi.* » Ces paroles ne frapperaient-elles pas, de réprobation, des lois politiques qui portent l'indifférence et l'athéisme écrits sur leur frontispice?

L'intention de notre gouvernement serait d'unir toutes les religions; mais l'église, comme le dit le grand Bossuet, rejette ce culte mêlé, et ne méprise pas moins les condescendances que les rigueurs de la politique. Tout doit justifier cette sentence de l'apôtre : qu'il n'y a rien de commun entre Jésus-Christ et Bélial.

C'est ici que les difficultés se compliquent encore, et que le gouvernement se trouve dans la plus fausse des positions. Au milieu des applaudissemens des philosophes, il proclame la plus grande tolérance religieuse; il la proclame, et dans le moment il est obligé de se contredire, de faire une cruelle exception à l'encontre de la religion catholique; car, ce gouvernement, qui peut tolérer les cultes les plus absurdes, ne peut tolérer une religion qui travaille à le détruire, parce que son système politique est ruineux pour elle. On sera obligé de traiter les catholiques de France comme Élisabeth traita autrefois les catholiques anglais, et comme, de nos jours, l'Angleterre traite encore les catholiques d'Irlande, ou on viendra infailliblement à des moyens violents; et n'a-t-on pas vu, naguère, la religion catholique gênée dans ses cérémonies, obligée de renfermer ses processions dans le sein de ses temples? Cependant, le temple de Jésus-Christ, c'est l'univers entier; armé de sa douceur, de sa patience, de son humilité, bravant les plus cruels supplices, le ministre de Jésus-Christ, l'évangile à la main, doit parcourir le monde, prêcher dans les temples et dans les places publiques, et les puissances humaines n'ont point le droit de l'arrêter, parce que les lois divines ont le pas sur les lois des hommes. N'a-t-on pas vu le gouvernement, dans sa marche incertaine et embarrassée, obligé, pour se soutenir, d'enlever violemment l'instruction publique des mains du clergé, où elle était depuis des siècles, et de dire qu'il était dangereux qu'elle y fût? Ce gouvernement, ne s'est-il pas dévoilé tout entier, en proclamant ainsi, que le clergé ne pouvait être considéré comme le gardien des principes conservateurs de la société?

Je sais bien qu'il existe un gouvernement, qui a pour but la liberté politique des citoyens, et, où la tolérance religieuse s'étend à la religion catholique: je veux parler des États-Unis d'Amérique; mais qu'on examine ce qui s'y passe, et l'on verra que la religion catholique y a de nombreux prosélytes, qu'elle y fait tous les jours de nouveaux progrès; que ce gouvernement, aveuglé sur le danger qui le ménace, continue une pareille tolérance, et la religion catholique aura triomphé dans son sein; alors aussi il aura cessé d'exister.

On ne peut rien faire, sous un régime constitutionnel, qui soit favorable à la religion catholique; en effet, lorsque dernièrement on a voulu la relever aux yeux des peuples, l'embarras a été visible : on n'a pu que porter une loi barbare sur le sacrilége; loi qui lui est entièrement inutile. Il est d'ailleurs absurde de punir le sacrilége avec tant de rigueur, lorsqu'on a des lois politiques qui propagent l'incrédulité; on me dira, peut-être, que ces lois déclarent que la religion catholique est la religion de l'état; mais, que signifie une pareille déclaration qui ne porte avec elle ni avantage, ni prérogative? Si le législateur qui nous donnait la Charte en avait mieux connu l'esprit, il aurait vu que la religion protestante serait, par le fait, la religion du gouvernement qu il établissait. La déclaration qui est dans la Charte n'est qu'une vaine et cruelle ironie.

Qu'on examine d'un œil attentif, et avec un esprit qui veut s'éclairer, nos institutions constitutionnelles sous tous leurs rapports, et l'on sera convaincu qu'elles sont, en tout et partout, opposées à la religion catholique.

Chacun jouissant, sous ces institutions, de la plus grande liberté de conscience, on y verra des gens qui ne feront absolument aucun acte extérieur de religion, et qui ne voudront éprouver aucune gène à cet égard, leurs idées de liberté en seraient blessées.

Cependant, l'église a besoin de sanctionner ses dogmes; de même que la société doit avoir une force physique pour contraindre les citoyens à vivre suivant les lois qui la gouvernent; de même, la religion catholique doit avoir une force morale pour emmener ceux qui en font profession à la pratique de ses dogmes. Cette religion, qui condamne tous les autres cultes; qui doit redouter de se mêler avec eux, comme l'onde limpide au torrent fangeux; cette religion doit avoir la faculté de priver, des avantages qu'elle procure, ceux qui refusent de s'y soumettre, de leur fermer la porte de ses églises, de les vouer aux puissances infernales, de les priver de la sépulture chrétienne; ne point accorder à l'église de semblables moyens, c'est la livrer sans armes aux fureurs des incrédules; ou plutôt, à la fureur de tous ceux qui sont, par leurs passions, intéressés à en nier la vérité. Je ne dis pas qu'il soit nécessaire de nous ramener à ces temps où, au milieu d'un auditoire épouvanté, au nom d'un Dieu terrible et foudroyant, le prêtre lançait malédictions sur malédictions. Je déteste les horreurs de l'inquisition; mais je dis cependant, qu'il faut que le prêtre conserve ses armes spirituelles, qu'il puisse arrêter, sur le seuil de ses églises, les puissances qui viendraient les profaner. C'est bien en vain, du reste, qu'on a retranché le commandement de l'église qui ordonne de fuir les excommuniés; ce commandement vît tout entier dans l'esprit de notre religion.

En enlevant, comme je l'ai déjà dit, par une

craintive défiance, l'instruction publique des mains du clergé, le gouvernement a fait une plaie mortelle à la religion catholique; il est moralement impossible que cette religion, qui a besoin d'avoir de nombreux ministres, pour répandre partout des secours spirituels, puisse en trouver un assez grand nombre; alors que la jeunesse s'en ira recevoir dans les universités, une éducation soignée sous le rapport des sciences, mais très-négligée sous celui de la morale et de la religion. Si l'on ajoute que le sacerdoce, privé de tous ses avantages temporels, semble n'être plus réservé qu'aux dernières classes de la société; on aura la conviction, que les prêtres doivent devenir tous les jours plus rares; mais ce n'est pas tout, si les efforts du clergé sont impuissans, si l'indifférence triomphe, on le verra lui-même, après des combats inutiles, se laisser entraîner par le siècle, demander à rompre ses vœux; qu'on ne se demande pas d'où vient qu'on ne trouve presque plus de prêtres que dans les dernières classes de la société; j'en ai dit les raisons.

Le clergé catholique considère les monastères comme des établissemens de la plus grande utilité; cela doit être; ils sont la conséquence de ses dogmes et de ses prédications. Toujours opposé à ce que nous enseigne le clergé, le gouvernement frappe de réprobation, et ensevelit sous leurs ruines tous les établissemens de cette nature; et ici, que les philosophes et les publicistes se recrient, je ne puis m'empêcher de dire, qu'un secret mouvement du cœur de l'homme, et le plus pur de tous, l'entraîne hors de la société. Qui n'a pas été malheureux? qui n'a pas senti le besoin d'un calme parfait et d'une solitude profonde? la vie du cénobite flattera toujours notre imagination, et je trouve qu'il est dur qu'un gouvernement soit obligé, par la nature de ses lois politiques, de refuser un asile à ceux qui sont fatigués du monde, à ceux qui en ont perdu les illusions, soit parce qu'ils sont accablés de malheurs, soit parce qu'ils n'ont vu la grandeur de l'homme que dans le culte qui le rattache à la divinité. Heureux! trop heureux! l'homme qui croit, et qui, plus ferme qu'un rocher inébranlable, se rit des attaques de l'incrédule.

Le gouvernement constitutionnel est encore en opposition avec la religion catholique, parce qu'il contrarie essentiellement les idées, l'esprit, enfin, le caractère particulier qu'elle a fait naître chez tous les peuples et qui est comme lié à son existence.

Cette religion inspire un certain éloignement pour les affaires, pour les soins d'une famille, attache une idée de perfection à une vie spéculative, et considère le célibat comme l'état le plus parfait.

Tout au contraire, comme chacun ne sera considéré, sous le gouvernement dont je parle, que par ses richesses ou par son mérite personnel, on y verra une activité prodigieuse. Le commerce, qui est la profession des gens égaux, y sera celle de tout le monde. Celui qui, dans cet état, vivrait sans occupation, serait le plus ennuyé et le plus ennuyeux des hommes; il n'aurait plus ces anciens salons, où l'oisiveté était occupée à des rien, et où la paresse ne trouvait point l'ennui. Chacun parlera de faire fortune et d'arriver aux honneurs; dans ce rapide tourbillon, le prêtre, jeté comme à l'écart, demeurera sans pouvoir, sans crédit et sans considération.

La religion, elle-même, n'aura presque point d'empire chez un peuple, qui, emporté par son activité naturelle et par l'inquiétude de sa liberté, sera répandu dans toutes les parties du monde; qui, vivant tantôt au milieu des Musulmans, tantôt au milieu des disciples de la Foé, voyant les nombreuses sectes qui divisent le monde, et qui toutes prétendent à la vérité, finira par les voir toutes avec la même indifférence.

J'ai dit, que l'église considérait le célibat comme l'état le plus parfait. Sous le gouvernement constitutionnel, au contraire, le célibat sera comme entaché d'une espèce d'infamie. On fera des lois pour encourager et faciliter les mariages.

Le bonheur du peuple ne sera qu'une affaire de calcul. On dira, comptez : si la population augmente, le peuple est heureux; si elle diminue, il est malheureux. Les publicistes prétendent que la religion catholique a beaucoup contribué à la dépopulation du monde; que tandis que la population augmente dans les pays protestants, elle diminue dans les pays catholiques; mais les calculs qu'ils peuvent faire à cet égard, doivent paraître au clergé catholique, une espèce d'injure pour la divinité; il doit considérer l'augmentation de la population comme toute entière dans les voies de la Providence.

Raisonnant ici, peut-être plutôt comme philosophe que comme publiciste, je dirai, qu'il ne me paraît pas, généralement parlant, que l'homme soit plus heureux, parce qu'il fait partie d'une nation riche et populeuse : je croirais que le bonheur serait plutôt dans les états dépeuplés, il est le fruit de l'isolement et de la solitude. En augmentant les populations, on ne fait qu'encombrer d'un plus grand nombre d'infortunés les sentiers douloureux des tombeaux. Aussi, verra-t-on dans cet état, à côté de la plus grande activité pour se procurer les douceurs de la vie, le plus grand mépris de la vie même; on possédera les richesses sans en jouir ; dans l'inquiétude qui les tourmentera, les individus donneront carrière à toute la bizarerie de leur imagination, et finiront quelquefois même par abréger leur existence.

Ce peuple, étant continuellement livré à des occupations sérieuses, ne connaîtra point la galanterie ; il se livrera à une grossière débauche qui lui laissera tous ses loisirs. Or, la galanterie entraîne ave elle une légereté et une insouciance qui n'ôte rien à l'empire du prêtre.

Le respect qu'on a pour le clergé provient, surtout, de ce sentiment qu'on a, que ceux qui en font partie, sont au-dessus des faiblesses de l'humanité, parce qu'ils ont abjuré celle qui maîtrise le plus le cœur de l'homme. Si cependant il arrive, comme cela s'est toujours vu, que des prêtres soient infidèles à leur serment, on sent combien leur conduite sera odieuse et intolérable à une nation, qui aura, en apparence, des mœurs graves, et à qui on ne pourra les dérober, le clergé étant environné d'ennemis qui auront le droit de tout dire ; combien alors sera-t-il déconsidéré, combien le serait-il davantage encore, si, se rendant criminel, il était livré, comme tous les autres citoyens, à la justice des tribunaux. Le respect qui environne le clergé, étant la principale force de la religion, il est nécessaire qu'elle en puisse couvrir les écarts d'un voile impénétrable.

Comment une religion, qui est pleine de tristes cérémonies, qui soumet à de continuelles humiliations, qui abat l'orgueil de l'homme et lui montre partout son néant, pourrait-elle convenir à un peuple qui, par l'effet de ses institutions, et de la liberté qui en est la suite, sera fier, hautain, orgueilleux, pour qui toutes les cérémonies seront un insupportable fardeau, qui n'aura même plus, dans ses relations sociales, la politesse de manière qui le distinguait; car, sa politesse sera toute dans ses mœurs? là, beaucoup de gens réduiront la religion à quelques préceptes de morale, et croiront que, lorsqu'on est bon citoyen et bon père de famille, on n'a pas besoin de culte extérieur.

Croit-on que son orgueil se soumettra facilement à cet acte, qui est le plus grand effort de l'humilité, à cet acte qui prosterne l'homme au pied de l'homme, pour lui faire l'humble et pénible aveu de ses fautes? Fier et indépendant, consentira-t-il dans ce moment terrible, où l'homme a besoin de tout son courage pour envisager la mort, consentira-t-il, à ce qu'on vienne l'épouvanter par l'aspect de cérémonies lugubres, à l'efficacité desquelles il ne croira pas?

Ce que je dis ici, est confirmé d'une manière bien sensible par ce qui se passe autour de nous. Un homme est-il religieux, fréquente-t-il les églises, en un mot, est-il zélé catholique, qu'on ne s'en informe pas; cet homme s'élève contre le siècle et contre ses nouvelles institutions politiques. Tout au contraire, un homme est-il indifférent en matière de religion, c'est un ardent défenseur des libertés constitutionnelles.

On voit encore admirablement bien la preuve de ce que j'avance, si l'on compare ce qui se passe dans le nord, à ce qui se passe dans le midi de la France. Tout le monde sait que l'esprit de liberté a plus de force dans le nord, qu'on y est décidément constitutionnel; mais on sait aussi que l'indifférence y est à son comble, qu'une révolution religieuse y serait très-facile : cette révolution, le serait beaucoup moins dans le midi, où les idées religieuses ont plus de force, et où les peuples sont aussi moins attachés à la charte et à ses libertés.

Un ministre protestant disait, en rentrant dans le sein de la religion catholique, qu'il détestait le protestantisme, parce que la révolution religieuse qu'il avait opéré, avait été cause de la révolution politique de quatre-vingt-neuf : il disait vrai. On peut ajouter encore qu'à son tour, la révolution politique nous entraîne à une révolution religieuse qui sera générale.

Un coup-d'œil peut nous montrer la suite des événemens : à la voix des prédicateurs de l'évangile, le monde entier abandonne le paganisme ; l'enthousiasme religieux est à son comble ; Rome devient la conquête des successeurs des apôtres ; et, sous leur empire, le monde est comme anéanti avec son orgueil et sa liberté : il reste dans cet état, jusqu'au moment où un moine audacieux attaque l'église et en ébranle les fondemens ; alors, les peuples s'agitent, les nations se révoltent, le monde triomphe, et les révolutions politiques et religieuses se prêtent la main. Le mal a été si rapide, qu'on peut dire que la religion catholique se trouve, de nos jours, dans le danger le plus imminent ; déjà même la raison humaine pourrait calculer l'époque de sa destruction totale. L'indifférence a glacé la foi religieuse : ainsi, au milieu d'un hiver rigoureux, quand la nature est ensevelie, un fleuve majestueux se trouve tout-à-coup comme enchaîné par les glaces, et demeure immobile.

Je ne crains pas de le dire : on a reconnu ce que j'avance ; et, il existe peut-être des hommes d'état qui ont la pensée d'une réforme religieuse qui devient inévitable, si la constitution triomphe ; il faut être conséquent et se soumettre aux effets des causes qu'on a établies ; il faut changer les dogmes du clergé catholique, si l'on veut qu'il soit constitutionnel : ce n'est que parce qu'il est affranchi de ces dogmes que le ministre protestant applaudit au nouveau gouvernement.

Qu'on n'espère pas que l'église pourra se modifier suivant les idées du siècle; inébranlable dans sa foi, infaillible comme la divinité, l'église ne peut changer ses dogmes pour se mettre en harmonie avec les institutions politiques de tel ou tel gouvernement.

Il est évident que, dans le cas où une révolution religieuse s'opérerait en France, elle se ferait sur le plan de celle de Calvin; d'abord, elle nous séparerait de l'église de Rome. Un état, dont les institutions ont pour but la liberté politique des citoyens, doit être indépendant; il faut être libre dans ses rapports avec les nations étrangères, pour l'être dans son administration intérieure : il n'est pas besoin de dire que Rome exerce une influence immense sur la politique des états catholiques, le pontife y marche toujours à l'égal du souverain.

Je sais bien que l'église gallicane a ses libertés; mais je dis que ces libertés sont insuffisantes, qu'elles ont pu, dans le temps, sauver la monarchie des envahissemens de Rome, et qu'elles ne pourraient aujourd'hui sauver la liberté. La raison en est bien simple, le clergé n'avait établi ces libertés qu'en faveur de l'indépendance d'un gouvernement qui lui accordait beaucoup, qui lui rendait au centuple la force qu'il en recevait; or, ce même clergé méconnaîtra ces libertés à l'encontre d'un gouvernement qui lui refuse tout; nous voyons aussi que, depuis la révolution, il est tout entier dans les principes des ultramontains : le clergé avait, comme on le disait alors, rogné la Rome de Saint Pierre dans son intérêt; et c'est encore, dans le même but que de nos jours, il l'allonge et l'étend pour s'en faire une égide.

Par cette réforme, le prêtre obtiendrait la faculté de se marier, ce qui le réunirait au restant de la nation; alors disparaîtrait la défiance qu'on lui porte. Il est clair qu'en accordant au prêtre la faculté de se marier, on ruine, de fond en comble, la religion catholique, on en sape tous les dogmes, on en retranche presque toutes les cérémonies.

Cette réforme différerait cependant, sous certains points, de celle de Calvin, qui fut faite sur le plan d'une république; et qui, à raison de ce, laisse la plus grande indépendance à ses sectaires; je ne dis pas même assez, le calvinisme rejettant toute autorité et toute hiérarchie, ne présentant que l'idée d'un gouvernement de tous, gouvernement impossible, le calvinisme n'est que la religion de l'insurrection et de l'anarchie, faite sur le plan d'un gouvernement monarchique constitutionnel; la réforme voudrait une croyance fixe et une hiérarchie religieuse; il y aurait un conseil chargé de diriger les affaires;

ceux qui le composeraient seraient peut-être appelés les apôtres; et l'on croirait, pensant revenir aux paroles de l'évangile, que, lorsqu'ils seraient réunis au nom de Jésus-Christ, la vérité serait au milieu d'eux.

Je dois répondre à une objection qu'on pourrait m'adresser : la religion catholique, me dira-t-on, n'est point contraire à l'établissement de la liberté, puisqu'elle a brisé les chaînes de l'esclavage domestique qui existait chez tous les peuples anciens ? elle n'est point contraire à l'établissement d'un gouvernement ayant la liberté politique pour objet, puisqu'on la vue s'établir et triompher dans le sein même des républiques; par exemple : à Gènes et à Vénise ?

Je conviens que la religion catholique, en éclairant sur les droits de l'homme, en portant dans la société la douceur si recommandée dans l'évangile, fit cesser l'esclavage domestique. C'est un triomphe que l'impiété n'a jamais osé contester à la religion de Jésus-Christ; mais je dois ajouter, qu'il entrait aussi, dans les vues du clergé, d'abattre les pouvoirs qui existaient alors pour mieux établir celui de la religion; il devait chercher à faire disparaître l'esclavage domestique, pour établir, à son profit, un grand pouvoir politique. Je n'ai d'ailleurs jamais prétendu que la religion catholique fût contraire à la liberté civile.

La deuxième partie de cette objection n'a

pas plus de force que la première ; on sent fort bien que la dénomination qu'on donne à un gouvernement, n'en change point la nature ; on sait qu'aucune de nos républiques modernes n'a eu la liberté pour objet ; que les républiques de Gènes et de Vénise n'étaient que des aristocraties, où il y avait moins de liberté que dans nos monarchies : tous les pouvoirs politiques y étaient réunis dans les mains d'un corps privilégié.

Si le gouvernement constitutionnel a triomphé en Angleterre, c'est qu'il s'est trouvé d'accord avec la religion de ce pays. L'Angleterre ouvrirait plutôt ses portes à la religion la plus absurde, qu'à la religion catholique. Les persécutions dont les catholiques d'Irlande sont l'objet, montrent assez que les politiques anglais connaissent les principes de leur gouvernement, et qu'ils savent que la proscription de la religion catholique en est la conséquence.

Il me semble inutile de dire que je n'entends parler ici que d'une liberté politique extrême ; ce serait calomnier la religion catholique, que de dire qu'elle n'est pas compatible avec une liberté sage et modérée. Le despotisme et l'extrême liberté sont des états également violens, comme la sagesse ; le bonheur est éloigné des extrêmes.

Après avoir montré le tableau des élémens qui

divisent la France, tableau dont un esprit clair-voyant et sincère ne peut se dissimuler la vérité, je crois pouvoir dire, que tout annonce que notre patrie doit être encore le théâtre de grands événemens et de terribles secousses. Non ; quand l'horizon est chargé de nuages, que les éclats du tonnerre épouvantent la nature, on n'est pas plus certains de l'orage, que nous ne sommes certains de cruelles révolutions en voyant ce qui se passe autour de nous. Je sais bien, que, dans un gouvernement constitutionnel, il doit exister des oppositions; que les différens pouvoirs y doivent être dans un état continuel de défiance; je sais, que, lorsque l'inquiétude sera la plus grande, il se pourra que la sûreté, la paix et la liberté soient le mieux établies. C'est ainsi qu'en musique les dissonances concourent à l'accord général; c'est ainsi que, dans la nature, la guerre des élémens concourt à sa beauté et à sa fertilité; mais, les oppositions dont je viens de parler, sont bien différentes : je signale une résistance qui brise tous les ressorts du gouvernement.

On voit encore quelques personnes qui paraissent redouter les efforts de la noblesse, et craindre de sa part une contre-révolution; mais, ou ces personnes ne raisonnent pas, ou elles sont de mauvaise foi : la noblesse n'est qu'un vain épouvantail, n'est qu'un assemblage bizarre; d'un côté ce sont les anciens nobles dont la France respecte l'orgueil et ne peut craindre les prétentions inutiles; de l'autre côté, ce sont les nouveaux nobles, enfans de la révolution, dont les blasons sont, pour la plupart, tachés du sang des victimes de la révolution; la France les méprise et se rit de leur vanité : une pareille noblesse n'a ni le crédit, ni le pouvoir, ni les richesses, ni la considération qui lui seraient nécessaires pour opérer une contre-révolution.

Si l'on me demandait, maintenant, qui devra l'emporter, ou des institutions constitutionnelles, ou de la religion catholique; je répondrais qu'il est encore très-difficile de le prévoir : les deux partis se présentent dans l'arène avec des forces bien grandes : le clergé, on ne saurait en douter, exerce un empire immense sur le peuple; il forme un ordre compacte, dont tous les membres travaillent avec une égale ardeur, et concourent au même but; le même esprit qui dirige le pontife, dirige jusqu'au moindre desservant du dernier des villages. Les efforts qui se font, sont de tous les temps, de tous les lieux, s'étendent dans toutes les parties du monde; on peut les modérer ou les activer suivant les circonstances; enfin la religion émeut vivement les hommes et peut les porter à des efforts inouis.

Qu'on ne s'imagine pas que le peuple n'est plus susceptible de fanatisme. Le peuple est, de nos jours, ce qu'il a toujours été : toujours féroce, toujours disposé à suivre la main qui l'égare : avec la même fureur qu'on l'a vu ensanglanter les autels de la liberté, avec la même ardeur qu'on l'a vu se précipiter sur les pas d'un conquérant, on le verrait encore s'abandonner à la frénésie du fanatisme. On se plaît à répéter que notre siècle est le siècle des lumières ; ridicule prétention que rien ne justifie : quels sont les hommes, quels sont les monumens qui témoigneront pour nous auprès de la postérité ? Sous le rapport des lumières, notre siècle ressemble aux siècles qui l'ont précédé, comme les forêts qui couvrent nos montagnes ressemblent aux forêts qu'elles ont remplacées.

D'un autre côté, il faut convenir aussi, que l'immense majorité des français répond avec enthousiasme à la voix de la liberté : le lion a brisé ses fers, il rugit, il promène ses yeux étincelans ; il faut être audacieux pour le charger de chaînes. La philosophie a fait des progrès immenses, et l'indifférence religieuse est à son comble ; la religion catholique est comme un malade atteint d'une fièvre lente ; il semble qu'il ne faut plus que quelques années pour que sa ruine soit accomplie.

Cependant, cette religion, je dois le dire encore, ne manque pas de ressources ; elle n'en manquerait pas surtout, si les persécutions venaient à l'appui de la loi politique ; on verrait alors un spectacle terrible, et du sein des buchers, la religion pourrait sortir triomphante.

Les constitutionnels se plaisent à dire que le siècle a sa marche, et que rien ne peut l'arrêter; je crois cependant qu'un politique, homme de sens et de tête, leur prouverait facilement le contraire : la position politique des peuples n'est point l'effet du hasard, mais le résultat nécessaire d'un principe; or, un homme d'état, qui connaîtrait bien ses principes, trouverait beaucoup de moyens pour les faire triompher; s'il voulait changer la direction des esprits et rétablir la monarchie et la religion, il agirait sourdement; il formerait une aristocratie puissante; la pairie ne serait point un vain titre, il lui donnerait des attributions, la nomination au justices de paix, par exemple; il diminuerait le nombre des tribunaux; il formerait des sommités sociales dans les départemens; il aurait une noblesse qui serait dégoutée de la capitale alors qu'elle serait quelque chose dans les provinces; il surchargerait les grandes villes, qui sont le siége de la corruption et de l'insubordination. Richelieu et Louis XIV crurent avoir beaucoup fait pour la monarchie et pour la religion, en ramenant à eux tous les pouvoirs; et, du même coup, ils renversèrent et le trône et l'autel; il ferait tout le contraire, il céderait une grande partie de ses pouvoirs à la noblesse et au clergé; il craindrait moins la fierté et l'insubordination même de gens qui auraient ses principes, que le respect et l'obéissance momentanée de gens qui ne les auraient pas.

Tout en admirant ce qu'il y a de beau dans nos institutions constitutionnelles, je ne crains pas de dire, que notre siècle ne rend pas assez de justice au gouvernement qui a précédé celui dont nous jouissons. Les priviléges, la liberté, la monarchie et l'aristocratie étaient, sous ce gouvernement, dans une balance admirable. Le monarque, avec de grands pouvoirs, n'était point absolu; la noblesse, avec de grands priviléges, n'en avait cependant que ce qu'il fallait pour qu'elle fût agréablement dans ses terres; le clergé, avec de grandes richesses, ne pouvait se plaindre, avec raison, qu'on lui en refusâ davantage; les parlemens, défenseurs des libertés du peuple, avaient eux-mêmes une existence sociale qui leur faisait sentir la nécessité d'être modérés dans leur opposition. Sous ce gouvernement, la France fut, pendant long-temps, la nation prépondérante de l'Europe, et sa monarchie, l'une des plus illustres de la terre.

Que le prêtre soit, du reste, bien persuadé que nous ne sommes plus dans le temps où une conduite ordinaire pouvait être une vertu. Le péril est imminent et la parole de Dieu ne peut retentir avec trop de force.

Après avoir montré l'alternative cruelle où se trouve la France, je dois à ma foi, de déclarer que je n'ai jamais entendu faire céder les intérêts de la religion catholique aux intérêts de la liberté constitutionnelle ; jamais je ne toucherai à l'auguste monument ; respect à la religion de Jésus-Christ ! son établissement est merveilleux, ses martyrs sont les plus grands des courages, ses défenseurs sont les lumières du monde, sa morale est plus pure que tout ce qu'enseigna jamais la philosophie. Tandis que l'orgueil est le partage de toutes les sectes, la religion catholique se laisse conduire par l'humilité, reconnaît les abus qui existent dans son sein, s'accuse et se corrige sans cesse. Hors de cette religion, la liberté me paraîtrait le plus dur des esclavages.

Je ne me cache point que cet écrit, s'il est lu, pourra déplaire à beaucoup de gens : les uns ont prévu les résultats que je signale et les ont adoptés ; ils seront irrités de voir qu'on les expose aux yeux du peuple ; les autres, qui désireraient pouvoir tout concilier avec de la modération, ne voudront pas ouvrir les yeux aux véritables causes des discordes qui fatiguent la France. Je prie ces derniers de vouloir bien ne pas me juger avec trop de précipitation : je n'ai parlé que parce que j'ai cru qu'il était important qu'on ne s'aveuglât pas sur notre position ; que parce que j'ai cru qu'il était nécessaire de proclamer que la

France doit cesser d'être catholique si elle veut être constitutionnelle, ou qu'elle doit cesser d'être constitutionnelle si elle veut rester catholique. Ne faut-il pas qu'on sache, avant de commencer le combat, dans quel camp on se trouve, et sous quelles enseignes on est rangé? Je m'examine avec soin, je fouille dans mes pensées, et il me semble que personne n'est plus que moi, ennemi du scandale et du bruit; que personne ne désire plus que moi, le repos et le bonheur de la France. Je puis me rendre encore ce témoignage, que l'ouvrage que je soumets au public, ne ressemble point à presque tous ceux qui paraissent sur des matières politiques, dans lesquels, l'auteur cherche moins à découvrir la vérité, qu'à donner carrière à son imagination, et à flatter l'esprit de parti.

FIN.

ERRATA.

Page 13, ligne 4, au lieu de ***M. de Lamenois***, lisez : M. de Lamenais.

Page 21, ligne 14, au lieu de ***Béal***, lisez : Baal.

Page 27, ligne 1.re, au lieu de ***recrient***, lisez : récrient.

Page 28, ligne 8, au lieu de ***rien***, lisez : riens.

Page 28, ligne 19, au lieu ***de la Foé***, lisez : de Foé.

Page 30, ligne 7, au lieu de ***ave***, lisez : avec.

Page 30, ligne 7, au lieu de ***légereté***, lisez : légèreté.

Page 34, ligne 18, au lieu de ***toujours à l'égal***, lisez : toujours l'égal.

Page 37, ligne 24, après le mot ***violens***, il faut un point et virgule ;

Page 37, ligne 24, après le mot ***sagesse***, il faut deux points :

www.ingramcontent.com/pod-product-compliance
Lightning Source LLC
LaVergne TN
LVHW021714230826
846091LV00006BA/2176

* 9 7 8 2 0 1 1 7 7 2 6 0 2 *